BEI GRIN MACHT SICH IHR WISSEN BEZAHLT

AF150956

- Wir veröffentlichen Ihre Hausarbeit, Bachelor- und Masterarbeit

- Ihr eigenes eBook und Buch - weltweit in allen wichtigen Shops

- Verdienen Sie an jedem Verkauf

Jetzt bei www.GRIN.com hochladen und kostenlos publizieren

Janik Hoppe

Ethnolekt in Deutschland. Die Comedyfigur Hakan von Kaya Yanar

GRIN Verlag

Bibliografische Information der Deutschen Nationalbibliothek:

Die Deutsche Bibliothek verzeichnet diese Publikation in der Deutschen National-
bibliografie; detaillierte bibliografische Daten sind im Internet über http://dnb.d-
nb.de/ abrufbar.

Impressum:

Copyright © 2015 GRIN Verlag GmbH
Druck und Bindung: Books on Demand GmbH, Norderstedt Germany
ISBN: 978-3-656-94357-0

GRIN - Your knowledge has value

Der GRIN Verlag publiziert seit 1998 wissenschaftliche Arbeiten von Studenten, Hochschullehrern und anderen Akademikern als eBook und gedrucktes Buch. Die Verlagswebsite www.grin.com ist die ideale Plattform zur Veröffentlichung von Hausarbeiten, Abschlussarbeiten, wissenschaftlichen Aufsätzen, Dissertationen und Fachbüchern.

Besuchen Sie uns im Internet:

http://www.grin.com/

http://www.facebook.com/grincom

http://www.twitter.com/grin_com

Facharbeit

von Janik Hoppe

im Leistungskurs Deutsch
am KGH

Jahrgangsstufe Q1/II

Schuljahr 2014/2015

Thema:

Ethnolekt in Deutschland
am Beispiel von Sequenzen der
Comedyfigur *Hakan* von Kaya Yanar.

Inhalt

1. Einleitung

Fast täglich ist man mit den verschiedensten Sprachvarietäten konfrontiert, die einem überall und in vielen Bereichen begegnen. Praktisch niemand lebt in Räumen, in denen das reinste Hochdeutsch – wie es zum Beispiel an den Schulen gelehrt wird – zum Ausdruck kommt. Es gibt regionsspezifische Dialekte, Regiolekte, Soziolekte und auch Ethnolekte, die sich allesamt vom Standarddeutsch in gewissen Punkten unterscheiden. Lebt man in Großstädten oder wirtschaftlichen Ballungszentren, so fällt meist eine Sprachvarietät ganz besonders und intensiv auf: Das sogenannte *Türkendeutsch* als Ethnolekt der türkischstämmigen Bevölkerung in Deutschland.

Von dieser speziellen Sprachvarietät soll die Facharbeit handeln. Aufgrund der Aktualität dieses Themas – die Historie und die damit verbundene Entwicklung der Sprachvarietät *Türkendeutsch* kann man noch als sehr jung und aktuell bezeichnen – kann es als äußerst interessant und spannend empfunden werden.

Das Ziel der Arbeit ist eine umfassende Ausarbeitung des *Türkendeutsch* anhand von Definitionen und bestimmten Merkmalen, die diese Sprachvarietät der Literatur nach aufweist. Abschließend folgt eine Analyse von zwei Sequenzen der Comedyfigur *Hakan* von Kaya Yanar, in der die vom Komiker Yanar verwendete Sprache auf das *Türkendeutsch* hin untersucht werden soll.

Die Facharbeit ist methodisch aufgebaut, um eine bessere Strukturierung und Nachvollziehbarkeit zu ermöglichen. Die Arbeit lässt sich grob in drei Abschnitte einteilen. Der erste Abschnitt ist die Einleitung, der die Thematik einleitet. Den zweiten Abschnitt bildet der Hauptteil, in dem das *Türkendeutsch* als Ethnolekt definiert werden soll und Merkmale dieser Sprachvarietät aufgelistet werden. Es folgt die angesprochene Analyse. Im dritten Abschnitt soll ein Fazit zur Facharbeit gezogen werden.

Vor jedem Unterpunkt der drei genannten Abschnitte befinden sich wiederum Einleitungen, die den Einstieg in den neuen Schwerpunkt des jeweiligen Abschnittes erleichtern sollen. Bei der Recherche nach Literatur bezüglich des Themas sind zwei Studienarbeiten aufgefallen, auf die sich im zweiten Abschnitt dieser Facharbeit größtenteils bezogen werden soll. Beide Arbeiten befassen sich mit dem *Türkendeutsch*, wobei eine auch die Sprache zweier türkischstämmiger Komiker untersucht. Von der Struktur sowie Inhalt erwiesen sich beide Arbeiten als äußerst hilfreich. Im Bezug auf die Historie der Türken in Deutschland erwies sich eine Quelle der Bundeszentrale für politische Bildung als besonders informativ.

2. Hauptteil

Der Hauptteil wird den größten Teil der Facharbeit darstellen. In ihm soll das sogenannte *Türkendeutsch* - oder oftmals auch *Kanak Sprak* genannt – anhand von Sequenzen der Comedyfigur *Hakan* von Kaya Yanar erläutert werden.

Dabei soll zunächst verschiedene Literatur herangezogen werden, die die Grundlagen der Sprachvarietät *Türkendeutsch* erläutert. Der historische Hintergrund sowie linguistische Charakteristika sollen die Ausarbeitung des Themas *Ethnolekt in Deutschland – am Beispiel von Sequenzen der Comedyfigur Hakan von Kaya Yanar* begleiten und so eine anschließende Analyse eben jener Sequenzen möglich machen.

In der Analyse sollen die erarbeiteten Grundlagen des *Türkendeutschen* wieder aufgegriffen werden, um anhand der vorliegenden Comedy-Sequenzen die Frage zu klären, ob man bei der von Kaya Yanar verwendeten Sprache von *Türkendeutsch* sprechen kann, und welche Merkmale diese aufweist.

2.1 Der Ethnolekt

Um sich gut in die Thematik einzufinden, ist es von Nöten, zunächst einige Begrifflichkeiten näher zu erläutern. Vor allem der Begriff *Ethnolekt* wird in der Facharbeit zunächst häufig von Bedeutung sein und so ist es wichtig, diesen zu definieren.

2.1.1 Was ist ein Ethnolekt? - Formen des Ethnolekts

Ein *Ethnolekt* ist der Definition nach ein Sammelbegriff für gewisse sprachliche Varianten und Sprechstile, die von den Sprechern einer gewissen ethnischen (und sprachlichen) Minderheit innerhalb eines bestimmten Sprachraumes gesprochen werden. Der Sprachstil dieser Minderheit kann für diese als charakteristisch eingestuft werden.[1]

Laut dem deutschen Germanisten Prof. Dr. Peter Auer sollte man zudem noch verschiedene Formen des *Etholekts* unterscheiden. So gebe es zunächst den sogenannten *primären Ethnolekt*. Dieser sei die Form eines *Ethnolekts*, die man als die ursprüngliche ansehen könne und von der jeweiligen sprachlichen Minderheit gesprochen werde.

Vom *primären Ethnolekt* habe man dann den *sekundären Ethnolekt* zu unterscheiden. Diese zweite Form werde teilweise gezielt durch Medien eingesetzt und versuche die primäre Form zu imitieren und sogar noch zu verschärfen. Diese sekundäre Form sei

---

[1]   Ethnolekt. 12. Februar 2015. URL: http://de.wikipedia.org/wiki/Ethnolekt. Stand 06.03.15.

somit oftmals auch bei Komikern zu finden. Die dritte Form – der *tertiäre Ethnolekt* – sei laut Auer die Folge aus dem *sekundären Ethnolekt*. Dabei würden auch Jugendliche, die nicht zu der jeweiligen sprachlichen Minderheit gehörten oder mit dieser in Kontakt ständen, durch die Medien so stark beeinflusst, dass sie die jeweilige Sprechweise/ die Merkmale des jeweiligen *Ethnolekts* in ihr eigenes Sprachrepertoire mit aufnähmen.[2] [3]

2.2 Türkendeutsch – Beispiel eines Ethnolekts

Nachdem nun die allgemeine Definition des *Ethnolekts* sowie dessen unterschiedliche Formen erläutert wurden, soll das Thema der Facharbeit etwas differenziert werden. So soll das Hauptaugenmerk nun auf das Beispiel eines deutschen *Ethnolekts* gerichtet werden – das *Türkendeutsch*.

Dabei wird schematisch vorgegangen, sodass am Ende dieses Teils ein ausführlicher Überblick über das *Türkendeutsch* gewährleistet ist.

2.2.1 Definition Türkendeutsch

Begonnen werden soll wieder mit einer verallgemeinernden Definition.

Das *Türkendeutsch* – oftmals *Kanak Sprak* genannt – ist die informelle Bezeichnung für einen bestimmten sprachlichen Stil oder Jargon, der meist von türkischstämmigen Jugendlichen gesprochen wird, die der zweiten oder dritten Einwanderergeneration in Deutschland angehören.[4]

Dabei ist der letzte Aspekt von besonderer Bedeutung, den das *Turkendeutsche* unterscheidet sich teilweise deutlich von dem sogenannten *Gastarbeiterdeutsch* der 50er Jahre, sowie von der allgemeinen deutschen Jugendsprache. Man kann das *Türkendeutsch* also nicht ohne Weiteres als Sprachstil aller Türken in Deutschland und als Sprachstil aller Jugendlichen in Deutschland bezeichnen.

Dann sind noch zwei übergeordnete Charakteristika des Sprachstils von Bedeutung, nach denen man das *Türkendeutsch* auch als Soziolekt und Regiolekt identifizieren kann. Unter einem Soziolekt verstehe man eine Sprachstil, der für eine sozial definierte Gruppe charakteristisch sei. Im Fall *Türkendeutsch* seien die Jugendlichen mit dieser sozialen Gruppe in Verbindung zu setzen. Ebenfalls sei das *Türkendeutsch* oftmals eine

---

[2]Lachmann, Anne: Besonderheiten der Varietät „Türkendeutsch" - am Beispiel der gesprochenen Sprache der Komiker Erkan und Stefan. Norderstedt (Grin) 2009, S. 5.
[3] Ethnolekt. 12. Februar 2015. Stand 06.03.15.
[4]Kanak Sprak. 20. Januar 2015. URL: http://de.wikipedia.org/wiki/Kanak_Sprak. Stand 06.03.15.

Sprache unterer sozialer Schichten. Anhand dessen könne man den Sprachstil durchaus auch als Soziolekt kennzeichnen.[5]

Außerdem könne man das Türkendeutsch auch als Regiolekt bezeichnen, da es primär an bestimmten Orten/ in bestimmten Stadtvierteln, also in bestimmten Regionen gesprochen werde.[6]

Die Einordnungen nach Soziolekt und Regiolekt sind für das bessere Verständnis der Sprachvarietät *Türkendeutsch* an dieser Stelle sinnvoll.

2.2.2 Historie der Türken in Deutschland

Zu der Erarbeitung der Sprachvariation *Türkendeutsch*, ist es hilfreich und nötig, sich kurz mit der Historie der türkischen Minderheit in Deutschland zu befassen und diese in Phasen einzuteilen, um die Entwicklung des *Türkendeutsch* einordnen zu können.

Mit dem deutschen Wirtschaftswunder nach dem zweiten Weltkrieg begann eine Phase, in der die Nachfrage nach neuen Arbeitskräften stetig stieg. Die Bundesregierung reagierte auf den Aufschwung mit dem Abschluss von *Anwerbeabkommen* mit anderen Staaten. 1961 wurde diese Art Abkommen mit der Türkei unterzeichnet.

In der Folge kamen viele ausländische Arbeitskräfte in die Bundesrepublik, mit denen lediglich die Nachfrage der Wirtschaft gestillt werden sollte und, die – dem allgemeinen Konsens nach – nur vorübergehend in Deutschland leben würden. Die Anwerbepolitik der Bundesregierung fand allgemein Zustimmung in der Öffentlichkeit.

Es folgte die Rezession 1966/67, in der viele Türken zunächst – aufgrund mangelnder Arbeit – in ihr Heimatland zurückkehrten. Mit einem erneuten wirtschaftlichen Aufschwung kamen viele jedoch letztendlich in die Bundesrepublik zurück.

Mit dem Anwerbestopp im Oktober 1973 waren 2,6 Millionen Ausländer in Deutschland beschäftigt, die trotz weiterer Rezessionsphasen nun nicht mehr in großen Gruppen in ihr Heimatland zurückkehrten.

Nach und nach kamen auch die Familien der *Gastarbeiter* in die Bundesrepublik nach und bauten sich nun eine Existenz auf.

Aufgrund von Rationalisierung wurden mit der Zeit jedoch überproportional viele Türken arbeitslos. Die Arbeitslosenquote unter der türkischstämmigen Bevölkerung in Deutschland lag bei 25,5 Prozent (Stand: 2005). In der Folge machten sich viele Türken in Deutschland selbstständig, um der Arbeitslosigkeit entgegenzuwirken.

---

[5] Lachmann 2009, S. 4.
[6] Ebd., S. 4-5

Seit den 1970er Jahren bilden die türkischen Staatsangehörigen mit 26 Prozent die größte Gruppe der in Deutschland lebender Ausländer. Dabei leben diese vornehmlich in den industriellen Ballungszentren und Großstädten. Aus anfänglich *Gastarbeitern* sind also letztendlich Einwanderer geworden.[7]

2.2.3 Linguistische Phänomene des Türkendeutsch

Um eine spätere Analyse der Sequenzen der Comedyfigur *Hakan* von Kaya Yanar durchführen zu können, müssen zunächst linguistische Phänomene und Charakteristika des *Türkendeutsch* aufgestellt werden. Dazu soll in Kategorien vorgegangen werden, die eine bessere Strukturierung dieses Abschnittes ermöglichen.

Zuerst werden die lexikalischen Charakteristika des *Türkendeutsch* angeführt, dann wird auf die sogenannte Morphologie eingegangen, die einen Teilgebiet der Grammatik darstellt[8], und schließlich werden noch die syntaktischen Auffälligkeiten geschildert.

2.2.3.1 Lexikalische Charakteristika

Lexikalische Charakteristika des *Türkendeutsch* seien nach dem deutschen Germanisten Prof. Dr. Peter Auer vor allem gewisse Wörter oder Satzanhängsel, die als Verstärker Verwendung in der Ausdrucksweise fänden. Als solche Verstärker seien vor allem die Wörter „Krass" und „Korrekt" zu nennen, die durch die sekundäre Form des Ethnolekts – die mediale Verbreitung, angesprochen in Punkt 2.2.1 – in breiten Bevölkerungsteilen bekannt seien.

Außerdem sei das Entstehen neuer Sprachpartikel zu beobachten. Als Auffälligkeiten ließen sich allgemein folgende Beispiele anführen:

(1) „Ischwör", als besondere Betonung von „ich schwöre". (2) „Gibs", als Pendant zu „Gibt's". (3) „Lassma", entstanden aus „Lass uns mal". (4) „Musstu", hervorgegangen aus „Musst du".

Als Negationspartikel werde statt dem Partikel „Nichts" oft „Nix", und als Einleitungspartikel die Form „Ey" verwendet.[9]

---

[7]Königseder, Angelika/ Schulze, Birgit: Türkische Minderheit in Deutschland: Geschichtlicher Rückblick. 25.10.2011. URL: http://www.bpb.de/geschichte/deutsche-geschichte/anwerbeabkommen/43259/tuerkische-minderheit. Stand 23.02.2015.

[8] Morphologie. 04. März 2015. URL: http://de.wikipedia.org/wiki/Morphologie_%28Linguistik%29 Stand 15.03.2015.

[9] Lachmann 2009, S. 6-7.

2.2.3.2 Morphologische Charakteristika

Laut Auer könne man eine falsche Verwendung der Genera im *Türkendeutsch* beobachten. Diese Veränderungen seien durch folgende Beispiele belegbar: (1) „son großer Plakat" → „so ein großes Plakat". Zu beobachten sind die falsche Verwendung des Genus des Adjektivs *groß* sowie die Entstehung des neuen Sprachpartikels „so ein" → „son" (siehe Punkt 2.2.3.1).

(2) „gutes Gewinn" → „guter Gewinn".

Weiterhin sei noch zu beobachten, dass Endungen von Wörtern mit sogenanntem *Schwa-Laut* – der *Schwa-Laut* bezeichnet einen in bestimmten unbetonten Silben auftretenden, gemurmelt gesprochenen Laut als Schwundstufe des Vokals e[10] - im *Türkendeutsch* häufig wegfallen würden.

Folgende Wendungen aus dem *Türkendeutsch* sollten dies verdeutlichen können: (1) „auf kein Fall". (2) „Wir kenn uns schon vom Fitness". (3) „Also mein Schule ist schon längst fertig".

In Anlehnung an dieses Phänomen würde im Türkendeutsch häufig das Pronomina eines Satzes nicht nach dem Kasus dekliniert werden, sondern bleibe in seiner Grundform bestehen:

(1) „Sie ist eigentlich egal, welche Nationalitäten die anderen sind"[11]

2.2.3.2 Syntaktische Charakteristika

Als Syntaktisches Charakteristika des *Türkendeutsch* sei zunächst der durchgängige Ausfall von Artikelformen zu beobachten. Dies kann mit folgenden Beispielen verdeutlicht werde: (1) „Da wird Messer gezogen, sonst bist du toter Mann". (2) „Gib mir Kippe!".

Des Weiteren komme in gleicher Weise der Ausfall von Präpositionen in Kombination mit Artikeln vor: (1) „Isch geh Schule". (2) „Isch muss Toilette". (3) „Ich wohn ja Karl-Preis-Platz"→ das „Isch" sei hierbei als Teil des Berliner Dialekts anzusehen.

Auch wenn es zu keinem Ausfall von Präpositionen komme, so werde oft vor allem bei Jugendliche ein falsche Form der Verwendung einer Präpositionen beobachtet. So können folgende Beispiele als charakteristisch für das *Türkendeutsch* eingestuft werden: (1) „sich von anderen Leuten wehren". (2) „er war in Schorndorf bei gleiche Krankenhaus wie ich".

---

[10] Schwa [Schwa Laut]. URL: http://www.duden.de/rechtschreibung/Schwa. Stand 15.03.2015.
[11] Lachmann 2009, S. 7-8.

Der Ausfall von Pronomen stelle im *Türkendeutsch* ebenfalls keine Seltenheit dar, wie an folgenden Sätzen deutlich werde. Dabei sei die Satzbedeutung häufig nur aus dem Kontext heraus zu verstehen: (1) „Als ich kennengelernt habe". (2) „du hast bestimmt falsch verstanden mann". (3) „wenn ich Jacke abgenommen hab" → gemeint ist: „wenn ich ihm die Jacke abgenommen habe".

Weitere Charakteristika seien im Bereich der Wortstellungen innerhalb des Satzes zu beobachten. So gebe es bei Temporaladverbien wie *dann, danach* und *auf einmal* vermehrt sogenannte Voranstellungen im *Türkendeutsch*. Als beschreibend könne folgendes Beispiel angesehen werden: (1) „Danach, vor meinem Fenster is so Brief". Die Funktion einer Voranstellung sei die Fokussierung des geschilderten Ereignisses.

Im Kontrast dazu seien auch Nachstellungen möglich. Dazu würden Satzglieder, die stärker fokussiert werden sollen, an das Satzende gesetzt: (1) „Musst mal gehen Kottbusser Tor". Verstärkt werde dieses Phänomen noch durch das weitere Anhängen einer Adverbialbestimmung : (1) „ Musst mal gehen Kottbusser Tor, unten." → mit „unten" sei in diesem Fall eine U-Bahn-Station gemeint.[12]

2.3 Analyse der Comedysequenzen und dessen Ergebnisse

Im folgenden Abschnitt der Facharbeit soll nun die Analyse der Sequenzen der Comedyfigur *Hakan* von Kaya Yanar stattfinden.

Dabei soll wieder strukturiert vorgegangen werden, sodass jeder Satz oder jede Aussage der Figur *Hakan* hinsichtlich der zuvor festgelegten Linguistischen Merkmale untersucht werden kann.

Die Analyse des jeweiligen Satzes/ der jeweiligen Aussage soll – mit einem Pfeil gekennzeichnet – unter dem zu analysierenden Satz/ der zu analysierenden Aussage stehen.

Dabei ist es sinnvoll die beiden Sequenzen nacheinander zu analysieren. Begonnen werden soll mit der Sequenz (1) *Hakan holt sich Geld*. Anschließend folgt die Analyse von der Sequenz *(2) Hakan beim Arzt*.

Am Ende folgt die Beantwortung der Fragestellung, ob *Hakan Türkendeutsch* spricht.

---

[12] Andt, Sebastian: Das „Türkendeutsche" als Varietät des Deutschen. Norderstedt (Grin) 2010, S.17-21.

2.3.1 Analyse der 1. Sequenz *(Hakan holt sich Geld)*

B: Banker
H: Hakan

(Hakan kommt in das Büro des Bankers)
B: „Guten Tag."
H: „Ey alder, was geht?"
→ Das *Ey* als Einleitungspartikel des Türkendeutsch
→ *alder* als spezifische Anrede
→ die Frage „was geht?" > Auslassung des Pronomens *dir* und des Verbs *es*
> Falsche Verwendung des Fragewortes. Hier: *was*
B: „Das hängt ganz von Ihnen ab. Wir haben Privat-/ Geschäfts-/ Baukredite, und das
zu super Konditionen."
H: „Ey, super Kondition hab ich selber, gehe ich jeden Tag Fitness, weißt du?"
→ *Ey* als Einleitungspartikel eines Satzes im *Türkendeutsch*
→ Falsche Wortstellung: Pronomen *ich* steht hinter dem Verb *gehe*
→ Auslassung von der Präposition *in* und dem Artikel *das*
→ *Fitness* als Synonym für Fitnessstudio
B: „Nur damit wir uns richtig verstehen, Sie sind doch wegen eines Kredites hier?"
H: „Ja, brauchs korrekt Geld für Tieferlegung von 3er BMW, weißt du?"
→ *brauchs* als Zusammenschluss zu neuem Sprachpartikel von Verb *brauche*
und Pronomen *ich*
→ *Korrekt als* die Aussage verstärkendes Satzglied
→ Ausfall des Artikels bei *Tieferlegung/* des Pronomens *meinem* bei *3er BMW*
B: „Wie hoch soll er den sein?"
H: „Sa ma bist du doof oder was? Hab ich gesagt tieferlegen !?"
→ *Sa ma* kann man als deutsche Umgangssprache/ Dialekt zu *Sag mal...* deuten
→ Falsche Wortstellung zwischen Pronomen *ich* und Verb *hab*
B: „Ich meine den Kredit."
H: „Äh, Kredit krass hochlegen, fünf Scheine."
→ Auslassung des Artikels bei *Kredit*
→ *Krass als* die Aussage verstärkendes Satzglied
→ unverständliche Ausdrucksweise bei *hochlegen, fünf Scheine* > mangelnde
Ausdrucksweise
B: „Was den für Scheine? 10ner, 20er, 50er ?"
H: „Sa ma willst du mich verarschen, fünfhunderte!"
→ *Sa ma* kann als deutsche Umgangssprache/ Dialekt zu *Sag mal...*
→ unvollendeter Satz (Ellipse) > mangelnde Ausdrucksweise
B: „Oh, das ist aber eine hohe Summe. Wie sieht´s denn da aus mit dem Dispo?"
H: „Disco, gut. Aber du kommst da nit rein!"
→ Verständnisprobleme bei *Dispo* > mangelnde Sprachkenntnisse
→ Ausfall des Verbs *ist*
→ Negationspartikel *nit* statt *nichts* > vermutlich dialektisch bedingt
B: „Nein, ich mein haben Sie irgendwelche Sicherheiten?"
H: *(Hakan zieht ein Messer)* „Das größte Sicherheit."
→ Ausfall des Verbs ist
→ Ausfall des Artikels *die* bzw. des Pronomens *meine* bei *Sicherheit*
→ weiter Verständnisprobleme zu beobachten
B: „Nein, ich meine Geldanlagen, Immobilien, Optionsscheine?"
(Hakan droht dem Bankkaufmann mit dem Messer)

H: „Ey pass auf, ich geb dir Option: Kredit oder Kopf [...] ?"
    → *Ey* als Einleitungspartikel eines Satzes
    → Ausfall des Artikels *eine* bei *Option*
    → unvollständiger Satz > mangelnde Ausdrucksweise bei der Drohung
B: „Schon gut *(lacht nervös)* hier haben Sie das Geld."
H: „Korrekt!" *(will den Raum verlassen)*
    → *Korrekt* als typischer Verstärker der Ausdrucksweise
B: „Ähm, wissen Sie schon, wie Sie die Summe zurückzahlen wollen?"
H: „Was? Zurückzahlen?"
B: „Ja, ich meine zusammen oder in Raten?"
H: „Wieso soll ich raten, sag du mir wie?"
    → Verständnisprobleme und unvollständiger Satz > mangelnde Sprachkenntnis
B: „Wie wollen Sie die Summe abstottern?"
H: „Abstottern, hab ich Sprachfehler oder was?"
    → Verständnisprobleme > mangelnde Sprachkenntnis
    → Ausfall des Artikels *einen* bei *Sprachfehler*
B: „Ja gut, dann zahlen Sie alles auf einen Schlag."
H: „Ok" *(schlägt den Banker ins Gesicht)*[13]

2.3.2 Analyse der 2. Sequenz *(Hakan beim Arzt)*

A: Arzt
H:Hakan

(Arzt kommt in das Behandlungszimmer)
A: „Guten Tag."
H: „Guten Tag."
A: „So Herr Hakan, was genau hat sie hier hergeführt?"
H: „Ja der korrekte Navigator in mein 3er BMW."
    → *Korrekt* als Verstärker der Ausdrucksweise
    → Wegfallen des Schwa-Lautes bei *mein*
A: „Äh, setzen Sie sich ruhig. Ich meine welches Problem haben Sie genau?"
H: „Ey pass auf. Steh ich letzte Woche wie immer an mein Discotür, kommt son Typ
    und haut mir voll gegen Schienbein."
    → *Ey* als Einleitungspartikel eines Satzes
    → Wegfallen des Schwa-Lautes bei *mein*
    › neuer Sprachpartikel *son* aus *so ein...*
    → Ausfall des Artikels *das* bei *Schienbein*
    → Wortstellungen vertauscht (z.B. Fehlen von Konjunktionen zur
        Satzverknüpfung > mangelnde Sprachkenntnis
A: „Aha, und jetzt haben Sie Schmerzen oder einen Bruch?"
H: „Ne noch viel schlimmer, ich hab nit zurückgetreten."
    → die Negationspartikel *ne* und *nit* könnten neben dem *Türkendeutsch* auch als
        Dialekt eingestuft werden
A: „Ja dann ist der Fall klar, der Kerl war größer als Sie."
H: „Ey Quatsch, hab ich keine Reflexe mehr."
    → *Ey* als Einleitungspartikel
    → Vertauschung der Wortstellung bei Pronomen *ich* und Verb *hab*

---

[13]Besnik_Paloja: Hakan holt sich geld Kaya Yanar. 21.02.2013. URL:
    https://www.youtube.com/watch?v=p025w7WSZYc. Stand 15.01.2015.

A: „Tatsächlich? Also, das ist ein Hammer." *(holt einen Hammer zum testen der Reflexe)*
H: „Natürlich ist das ein Hammer, ohne Reflexe alder."
   → *alder* als Verstärkung der Satzaussage
A: „Nein DAS ist ein Hammer, damit teste ich Ihre Reflexe. Mal freimachen bitte!"
H: „Jaja."
A: *(schlägt mit dem Hammer an Hakans Knie)* „Und?"
H: „Nix"
   → Negationspartikel *nix* > im *Türkendeutsch* häufig beobachtet
A: *(schlägt erneut)* „Mhh. Tatsächlich keine Reflexe. Äh, ich probiers mal am Ellenbogen."
H: „Nix siehst du, scheiße keine Reflexe alder."
   → Negationspartikel *nix*
   → Ausfall von Pronomen *ich* und Verb *habe*
   → *alder* als Verstärkung der Satzaussage
A: „Äh, kein Problem. Das kriegen wir schon wieder hin. 8-10 Behandlungen."
H: „8 bis 10 Behandlungen, welcher Arsch solln das bezahlen?"
   → neuer Sprachpartikel *solln* von *soll den...* / vermutlich auch dialektisch bedingt
A: „Ja Sie sind doch sicherlich privatversichert?!"
H. „Ey privat, bin ich schwul oder was?"
   → *Ey* als Einleitungspartikel eines Satzes
A: „Ja, dann zahlen Sie halt alles selbst."
H: *(schlägt dem Arzt ins Gesicht)* „Ey krass meine Reflexe sind wieder da. Danke du. Hah. Ey, mach mal Platz ich muss noch jemand zusammenstauchen!" *(verlässt das Behandlungszimmer; der Arzt liegt am Boden)*
   → *Ey* als Einleitungspartikel eines Satzes und *krass* als Verstärker der Satzaussage
   → unvollständiger Satz und falsche Anrede des Gesprächspartners > mangelnde Ausdrucksweise
   → Wegfallen des Schwa-Lautes bei *jemand*[14]

2.3.3 Ergebnisse – spricht Hakan Türkendeutsch?

Nachdem nun die Auffälligkeiten bei der gesprochenen Sprache der Comedyfigur *Hakan* von Kaya Yanar aufgelistet wurden, ist es sinnvoll, einige Besonderheiten noch einmal aufzugreifen und die Frage zu klären, ob man diese als *Türkendeutsch* bezeichnen kann.

Es sind häufig Wiederholungen von gewissen Merkmalen zu finden, wie zum Beispiel der Einsatz des Einleitungspartikel *Ey,* der zuvor als häufige im *Türkendeutsch* vorkommende Variante der Gesprächseinleitung identifiziert wurde. So wohl bei der ersten Sequenz, als auch bei der zweiten Sequenz sind diese Auffälligkeiten mehrfach aufgetreten.

---

[14]Neo_Meo: hakan beim arzt. 02.02.2009. URL: https://www.youtube.com/watch?v=NfhoSg9XxcY. Stand 15.01.2015.

Dazu kann man ebenso den Einsatz von Wörtern beobachten, die als Verstärker der verschiedenen Satzaussagen fundieren. So verwendet Yanar öfters die Wörter *krass* oder *korrekt*, wodurch das *Türkendeutsch* – wie es oft in Form des sekundären Ethnolekts verwendet wird – besonders deutlich auffällig wird.

Des Weiteren tritt häufig das Entstehen von neuen Sprachpartikeln auf. Einzelne Wörter verschmelzen zu einem neuen Begriff, wie es zum Beispiel bei *son* (→ so ein) oder brauchs (→ ich brauche) der Fall ist. Diese Merkmale können aber vermutlich nicht als voll *Türkendeutsch* eingestuft werden, denn auch viele andere Sprachvarietäten, wie zum Beispiel die verschiedenen Dialekte, besitzen diese Art Charakteristik, die man schon allein aus dem Alltag kennt und vielleicht sogar selber verwendet.

Die wohl größten Auffälligkeiten sind im syntaktischen Bereich zu erkennen. So ist zu beobachten, dass bei der Comedyfigur *Hakan* viele Artikel und Pronomen wegfallen. Ebenso weist die Sprache ein häufiges Vertauschen der korrekten Wortstellung innerhalb der Sätze auf, was auf einen Mangel an Kenntnissen zur deutschen Sprache hindeutet.

Hinzu kommen teilweise Verständnisprobleme der Comedyfigur bezüglich zuvor genannter Fragen oder Aussagen des jeweiligen Gesprächspartners. Die Figur *Hakan* besitzt anscheinend mangelnde Sprachkenntnisse, die auch in Form von abgebrochenen oder unvollständigen Sätzen in den zuvor analysierten Sequenzen deutlich werden.

Die als typisch *Türkendeutsch* gedeuteten Negationspartikel *nix* oder *nit*, sowie das Wegfallen der sogenannten Schwa-Laute sind weitere auffällige Merkmale der Sprache der Comedyfigur *Hakan*.

Nach der Analyse kann man nun durchaus die verwendete Sprache von *Hakan* als *Türkendeutsch* bezeichnen, da diese doch vermehrt die Merkmale der Sprachvarietät aufweist, die zuvor unter dem Punkt der Linguistischen Phänomene aufgelistet wurden. Dennoch sollte natürlich auch der Kontext betrachtet werden, in der die Sequenzen entstanden sind. Immerhin handelte es sich bei dem Verfasser der Sequenzen um einen Komiker. Es lässt sich also vermuten, dass an einigen Stellen deutliche Übertreibungen des *Türkendeutschen* vorgenommen wurden, um die Sprachvarietät stärker und extremer abzubilden, als sie in der Realität ist. Dieses Überziehen ist natürlich auch nachvollziehbar, da der Komiker mit seiner Sprache ein möglichst großes Publikum erreichen und ansprechen möchte. Um noch einmal den deutschen Germanisten Prof. Dr. Peter Auer aufzugreifen, sollte man bei den analysierten Sequenzen wohl von einem sekundären Ethnolekt sprechen. Wie in Punkt 2.1.1 erwähnt, wird dieser gezielt durch die Medien eingesetzt und stellt eine verschärfte Form des primären Ethnolekts dar.

Alles in allem kann die verwendete Sprache dennoch als *Türkendeutsch* bezeichnet werden und zeigt als Beispiel eines Ethnolekts dessen typische Charakteristika durchaus auf.

3 Fazit zur Facharbeit

Um ein abschließendes Fazit zur Facharbeit zu ziehen, sollte man zu der anfänglichen Zielsetzung zurückblicken, die in der Einleitung festgelegt wurden.

Das Ziel der Arbeit war eine umfassende Ausarbeitung der Sprachvarietät *Türkendeutsch*. Die Ausarbeitung sollte dann am Schluss mit der Analyse von zwei Sequenzen der Comedyfigur *Hakan* von Kaya Yanar beendet werden.

Die Ausarbeitung erfolgte zunächst durch einige Definitionen bezüglich der Sprachvarietät *Türkendeutsch*. Dabei wurde als erstes ganz allgemein der Ethnolekt in drei verschiedenen Formen unterschieden, sodass man nach der Analyse das *Türkendeutsch* als einen sekundären Ethnolekt deuten konnte, der durch die Medien verbreitet wird.

Um die Entstehung des *Türkendeutsch* im deutschen Sprachraum nachvollziehbar darzustellen, war es hilfreich, die Historie der Türken in Deutschland – die noch relativ jung ist – in die Facharbeit mit einzubeziehen.

Es folgte die Auflistung der Linguistischen Phänomene des *Türkendeutsch*, die für die anschließende Analyse natürlich entscheidend waren, in der die zuvor genannten Phänomene wiedererkannt werden konnten.

Dennoch ist auch bei der Recherche bezüglich der Literatur zur Facharbeit aufgefallen, dass das Thema *Türkendeutsch* noch nicht allzu sehr erforscht zu sein scheint. Das liegt vermutlich nicht zuletzt daran, dass das *Türkendeutsch* ein noch nicht allzu klar definierter Begriff ist. Bei der Literatur konnte dann trotzdem noch auf zwei Studienarbeiten zurückgegriffen werden, in denen schon selbst die verschiedensten Quellen zusammengefasst wurden.

Vermutlich kann man nicht von DEM *Türkendeutsch* sprechen, da dieses durch Dialekte sowie andere Ethnolekte in verschiedenen Regionen verschieden beeinflusst wird.

Trotzdem gibt es vermutlich gewisse Charakteristika, die immer wieder beobachtet werden. Diese konnten in der Facharbeit nun dargestellt und an Beispielen verdeutlicht werden, sodass eine umfassende Ausarbeitung des Themas *Ethnolekt in Deutschland – am Beispiel von Sequenzen der Comedyfigur Hakan von Kaya Yanar* möglich geworden ist.

Literaturverzeichnis

Andt, Sebastian: Das „Türkendeutsche" als Varietät des Deutschen. Norderstedt (Grin) 2010.

Lachmann, Anne: Besonderheiten der Varietät „Türkendeutsch" - am Beispiel der gesprochenen Sprache der Komiker Erkan und Stefan. Norderstedt (Grin) 2009.

Internetquellen

Besnik_Paloja: Hakan holt sich geld Kaya Yanar. 21.02.2013. URL: https://www.youtube.com/watch?v=p025w7WSZYc. Stand 15.01.2015.

Ethnolekt. 12. Februar 2015. URL: http://de.wikipedia.org/wiki/Ethnolekt. Stand 06.03.15.

Kanak Sprak. 20. Januar 2015. URL: http://de.wikipedia.org/wiki/Kanak_Sprak. Stand 06.03.15.

Königseder, Angelika / Schulze, Birgit: Türkische Minderheit in Deutschland: Geschichtlicher Rückblick. 25.10.2011. URL: http://www.bpb.de/geschichte/deutsche-geschichte/anwerbeabkommen/43259/tuerkische-minderheit. Stand 23.02.2015.

Morphologie. 04. März 2015. URL: http://de.wikipedia.org/wiki/Morphologie_%28Linguistik%29 Stand 15.03.2015.

Neo_Meo: hakan beim arzt. 02.02.2009. URL: https://www.youtube.com/watch?v=NfhoSg9XxcY. Stand 15.01.2015.

Schwa [Schwa Laut]. URL: http://www.duden.de/rechtschreibung/Schwa. Stand 15.03.2015.